Arthur, der Vogel mit Höhenangst

Eine Geschichte über Ängste und Freundschaft

Illustration und Geschichte von Anna Schäfer

Kann ein Vogel Höhenangst haben?

Diese Frage ging Anna Schäfer, 1998 in Mülheim an der Ruhr geboren, Studentin für Germanistik und Kunst, nicht mehr aus dem Kopf. Aus Spaß am Zeichnen und Schreiben entstand ihr erstes Buch.

Bibliografische Information der Deutschen Nationalbibliothek: Die Deutsche Nationalbibliothek verzeichnet diese Publikation in der Deutschen Nationalbibliografie; detaillierte bibliografische Daten sind im Internet über dnb.dnb.de abrufbar.

Herstellung und Verlag: BoD – Books on Demand, Norderstedt

ISBN: 978-3-7519-0814-6

Für Arti

„Huhu, Arthur. Komm doch runter, dann können wir zusammen was unternehmen", ruft der Schwan. „Nein, ich kann doch nicht", antwortet Arthur. „Ich habe doch Höhenangst und traue mich nicht zu fliegen. Und wenn ich nicht fliegen kann, komme ich nicht wieder nach Hause." „Schade, aber vielleicht ja ein anderes Mal", antwortet der Schwan.

Wie jeden Tag kommt Boris, Arthurs bester Freund, Arthur besuchen.
„Hallo Arthur, na, wie geht es dir ?", redet der kleine blaue Vogel zu Arthur. „Ach, mir ist total langweilig, Boris". „Dann komm doch mit mir fliegen", lacht Boris. „Dann können wir zusammen Paula, das Eichhörnchen, besuchen." „Boris, du weißt doch genau, dass ich Höhenangst habe und deshalb nicht fliegen kann", erklärt der pinke Vogel ein wenig genervt. „Ja ich weiß, aber ich dachte, dass du dich vielleicht heute traust. Deine Eltern können dir doch auch nicht für immer das Essen nach oben bringen", meint Boris bedröppelt. „Naja, ich flieg dann mal weiter. Bis später, Arthur".

„Es ist so hoch", murmelt Arthur zu sich selber. „Ich kann gar nicht verstehen, wie alle anderen Vögel das können. Ich meine, es ist doch so eine Überwindung hier runterzuspringen und mir selber zu vertrauen, dass ich fliegen kann. Woher weiß ich denn, dass ich fliegen kann? Was ist denn, wenn das nur alle anderen können und ich nicht? Und dann noch die Höhe. Ich glaube, dass schaffe ich nie", äußert Arthur geknickt. „Ich kann noch nicht mal runterschauen, ohne dass mir schwindelig wird."

Huch, was ist das denn für ein Geräusch, denkt Arthur, so ein leichtes Schnauben, als ob jemand außer Atem wäre. Das kann doch nur Paula sein!

Und tatsächlich, es ist das kleine lustige Eichhörnchen Paula, mit der Schleife im Haar, das so weit nach oben zu Arthur geklettert ist.
„Hallo Arthur, das ist aber hoch hier oben. Immer wenn ich hier hochkomme bin ich ganz außer Atem. Naja, wie auch immer, schau mal meine Nuss, ist die nicht toll? Und schau mal wie groß sie ist! Ich glaube, so eine große Nuss habe ich noch nie gefunden", erzählt Paula stolz.

„Und heute waren Boris und ich zusammen am See, wo wir den Schwan besucht haben. Wir haben so tolle Nussverstecke für den Winter gefunden für mich...

… und der Schwan hat mir noch ganz viele weitere tolle Verstecke gezeigt, um den See herum. Das war so schön!"

„Huch, Arthur, was ist los? Warum weinst du denn?", fragt Paula besorgt.

„Ach Paula, ich ärger mich über mich selber. Weißt du, ich würde so gerne mit euch kommen und tolle Dinge wie du und Boris erleben, aber ich sitze den ganzen Tag hier und warte darauf, dass mich einer besuchen kommt", schluchzt Arthur. „Ich kann mich einfach nicht überwinden hier runterzuspringen und dann zu fliegen, weißt du, Paula?"

„Ja, das stimmt, Arthur, es ist wirklich sehr hoch hier oben. Aber was willst du denn machen? Du kannst doch nicht für immer in deinem Nest sitzen bleiben", kritisiert Paula.

„Na, was haben denn da meine Adleraugen gesehen?",mischt sich plötzlich Don, der Adler, ein. „Mein kleiner pinker Freund Arthur weint, warum denn das?"

„Arthur traut sich nicht zu fliegen", antwortet Paula.

„Er hat zu sehr Höhenangst und kann sich nicht überwinden, runter zu springen".

„Genau", gibt Arthur schluchzend zu.

Don, der Adler, denkt nach. „Aber Arthur, weißt du denn wofür es sich lohnt seine Angst zu überwinden? Ich weiß, dass Boris und Paula dich immer besuchen kommen und dir erzählen wie toll es außerhalb des Nestes ist, aber du hast das doch noch nie mit eigenen Augen gesehen, oder?", bemerkt Don. „Was würdest du also davon halten, wenn ich dich auf meinem Rücken mitnehme und wir zusammen fliegen? Dann kannst du dir das erst einmal in Ruhe anschauen." „Das ist eine tolle Idee, Don", stimmt Paula zu. „Also los Arthur, du schaffst das!"

„Na gut, ich probiere es mal", sagt Arthur.

„Und Arthur, wie gefällt es dir?", ruft Don nach oben. „Es ist toll, man kann so viel sehen", strahlt Arthur. „Ich denke, ich werde meine Angst überwinden."

Zurück im Nest angekommen, haben sich Arthurs Freunde versammelt, um ihn anzufeuern und dabei zu sein, wenn er das erste Mal fliegt.

„Los Arthur, du schaffst das", ruft noch Paula. Doch leider ist Arthur schon schneller auf dem Boden, als er gucken kann.

Schluchzend steht Arthur neben seinen Freunden. „Ich wusste, dass es nicht klappt." „Ach Arthur", spricht Don, „gib nicht auf. Wir schaffen das schon." „Genau", stimmt Boris zu.

„Pass auf", sagt Don zu Arthur, „ du machst jetzt einfach meine Flügelbewegung nach, und dann dann wird es schon klappen. Und du musst selber an dich glauben. Denk daran, wie gut es dir gefallen hat, oben auf meinem Rücken."

„Es klappt", ruft Arthur überglücklich. „Könnt ihr mich sehen? Schaut mal wie hoch ich bin, und ich habe gar keine Angst." „Ja super Arthur! Wir sind stolz auf dich", rufen die Freunde zurück. Sie gucken hoch zum Himmel und freuen sich für Arthur.

Ich kann es gar nicht glauben, denkt Arthur. „Die ganze Zeit hatte ich so eine große Angst. Ich möchte gar nicht daran denken, was ich alles verpasst habe, nur weil ich mich nicht getraut habe. Jetzt kann ich auch Abenteuer erleben, genauso wie meine Freunde. Es fühlt sich an, als wäre ich endlich frei."

Und so fliegen die Freunde zusammen, vielleicht schon ins nächste Abenteuer oder zum nächstbesten Nussversteck für Paula.

Arthur hat gelernt, dass es sich manchmal lohnt, seine Angst zu überwinden. Denn vielleicht verpasst man dann etwas, was man nicht verpassen sollte.

-Ende-